Éloïse, enfant du XVIIIe siècle

Piccolia

SOMMAIRE

Pages 2 et 3 :
NOUS VOICI AU XVIIIe SIÈCLE

Pages 4 et 5 :
LE LEVER DE LA REINE

Pages 6 et 7 :
FÊTE DANS LA GALERIE
DES GLACES

Pages 8 et 9 :
LA MODE FRANÇAISE

Pages 10 et 11 :
CARROSSES ET CHAISES
À PORTEURS

Pages 12 et 13 :
DANS LA CHAMBRE D'ÉLOÏSE

Pages 14 et 15 :
INVITATION À L'OPÉRA
DE VERSAILLES

Pages 16 et 17 :
JARDINS ET FONTAINES

Pages 18 et 19 :
LA MUSIQUE

Pages 20 et 21 :
GLOSSAIRE

Pages 22 et 23 :
INDEX

NOUS VOICI AU XVIIIe SIÈCLE

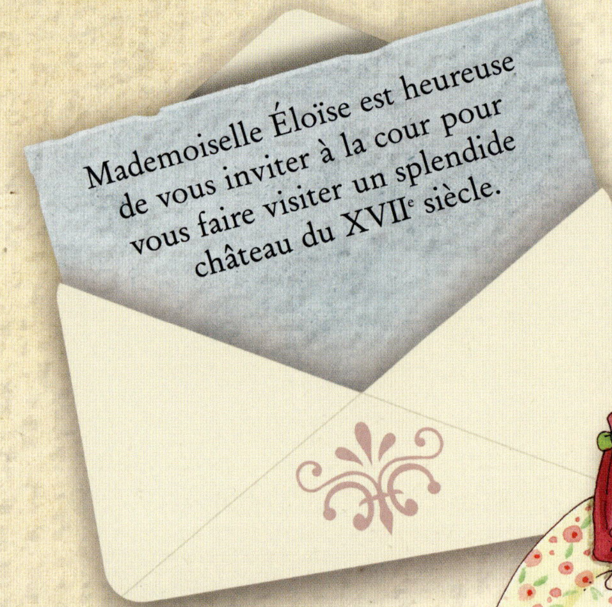

Éloïse est une jeune demoiselle qui vit à la cour de Versailles. Ce somptueux château est la résidence du roi de France, Louis XV, un des monarques les plus influents de ce siècle. Construit voici 100 ans, il y a encore des travaux au château : on y aménage des salles et les jardins pour les adapter aux exigences du roi.

En Europe, de grandes familles gouvernent les différents pays. Ces familles se transmettent le pouvoir de génération en génération !

C'est à cette époque que naissent des courants de pensée s'inspirant de liberté et des progrès scientifiques ; ils feront du XVIIIe siècle « le siècle des lumières ».

LE LEVER DE LA REINE

Au château, aucune pièce ne possède de baignoires. Quand Éloïse veut se laver, on lui prépare un baquet prévu à cet effet, rempli d'eau chaude. Ce n'est pas pratique mais à l'époque, les bains ne sont pas fréquents : ils sont même assez rares !

Le lever de la reine ne se fait pas en privé : c'est un événement public ! Ses dames de compagnie et des hôtes particuliers sont là pour regarder la souveraine s'habiller.

D'ailleurs, il paraît que le roi reçoit aussi ses ministres et courtisans de haut rang pendant qu'on l'habille.

FÊTE DANS LA GALERIE DES GLACES

La galerie des Glaces est une salle grandiose donnant sur le jardin du château. Quand le roi reçoit des hauts dignitaires, il fait installer son trône en argent dans cette immense pièce. Éloïse aime particulièrement cette salle pour les bals magnifiques qui y sont donnés.

À l'époque de Louis XIV, les meubles de la galerie des Glaces étaient en argent massif finement sculpté !

Ce soir, c'est la fête et Éloïse est invitée au grand bal. Pour l'occasion, elle porte une belle robe de soie et un ruban élégant autour du cou. Pour avoir la taille encore plus fine, elle a mis un corset dont elle a serré très fort le lacet.

Le cavalier d'Éloïse porte une perruque et s'est blanchi la peau avec de la poudre. Il est vêtu d'une longue veste, et un jabot en mousseline et dentelle entoure son cou.

LA MODE FRANÇAISE

La mode naît au château de Versailles. Les tenues des dames sont faites de tissus coûteux : soie, taffetas, satin, velours... Les robes sont très serrées jusqu'à la taille, puis deviennent amples jusqu'aux pieds. Cette forme caractéristique est donnée par les paniers très larges situés en dessous des robes. C'est très beau mais peu pratique à porter !

L'encolure carrée ou ovale est échancrée, laissant voir la peau délicate des cous de ces dames. L'habit est porté sur un corset rigide si serré qu'il rend parfois la respiration difficile.

Un gentilhomme est vêtu d'une longue veste sur une chemise et un gilet. Il porte des pantalons jusqu'aux genoux et des bas fins. Comme les dames, il se blanchit la peau avec de la poudre de riz et porte une perruque.

Comme on se lave peu, les gens de la cour utilisent beaucoup de parfum pour couvrir les mauvaises odeurs !

Les chaussures pour femme sont très raffinées : elles sont recouvertes de soie brodée et ornées d'une boucle.

Les dames aident Éloïse à mettre sa robe sur le panier, composé de cerceaux faits de joncs ou de bois léger.

CARROSSES ET CHAISES À PORTEURS

À la cour, on aime le confort et être vu. Non seulement les carrosses et les berlines servent à voyager mais ce sont des symboles de richesse. Même les petits déplacements se font en carrosse ou en chaise à porteurs. Il faut dire que la mode est à la peau pâle : prendre le Soleil et bronzer n'est bon que pour les paysans !

Quand la neige tombe, Éloïse adore faire de la luge avec son ami sur les allées du parc.

Les dames et les gentilshommes se déplacent dans les cours et les galeries en chaise à porteurs. Qui ne possède pas son propre moyen de transport peut en louer un.

Les plus de 2 000 carrosses à disposition de la cour sont tirés par des chevaux, soignés dans les écuries du château. Les berlines de cérémonie sont richement décorées de sculptures et d'or.

DANS LA CHAMBRE D'ÉLOÏSE

Les enfants de la cour doivent se tenir tranquilles, pour ne pas déranger Sa Majesté le roi Cependant, des moments de récréation leur sont permis, comme sauter à la corde et jouer à cache-cache.

Éloïse et toutes les petites filles de la cour sont vêtues à la mode du XVIIIe siècle... comme leur mère et même leurs poupées !

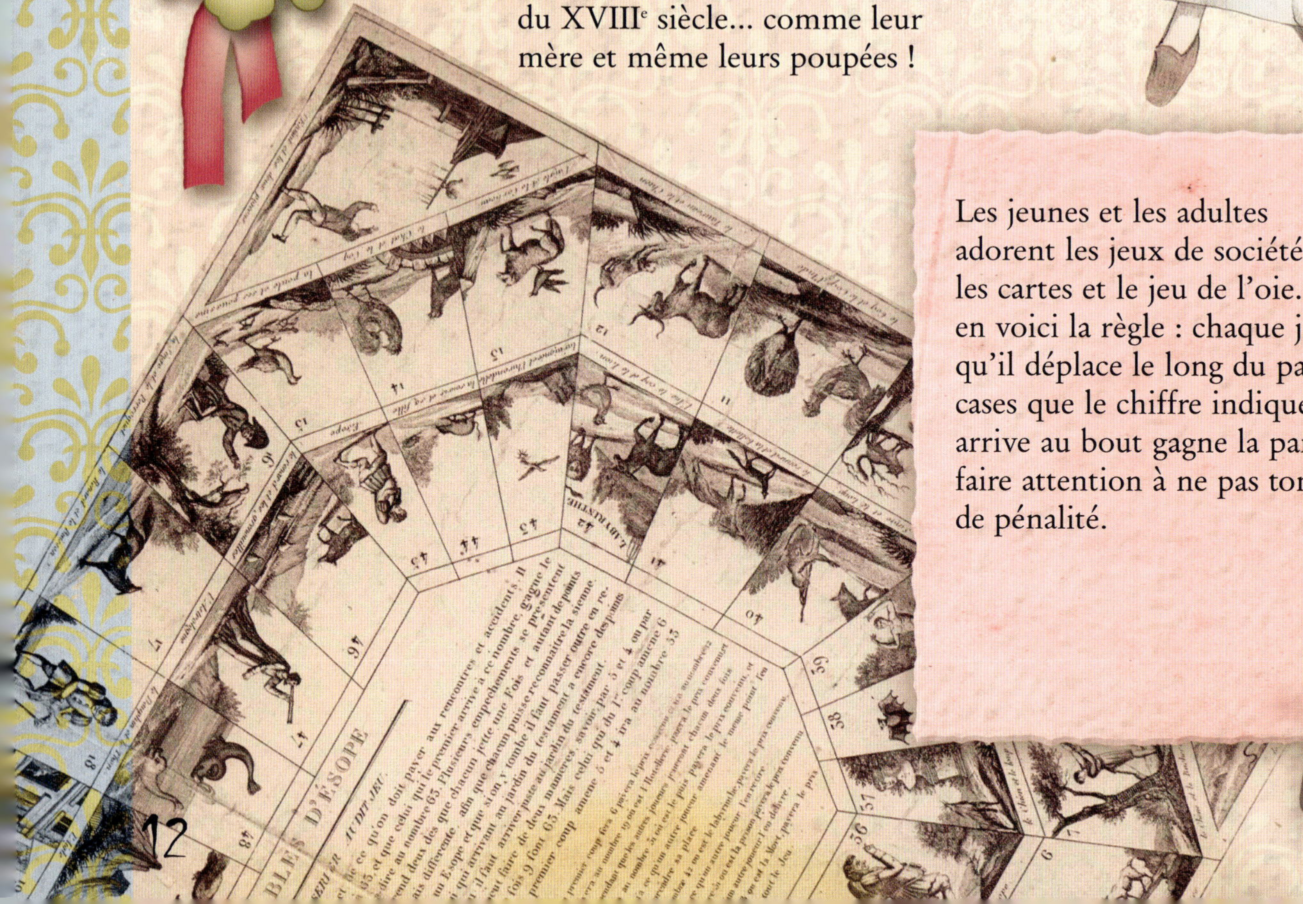

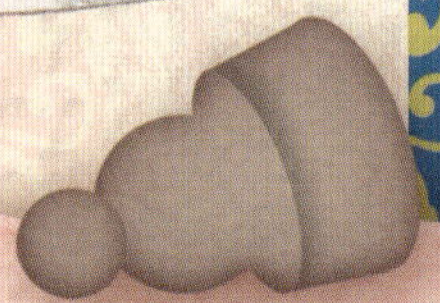

Les jeunes et les adultes adorent les jeux de société, dont les cartes et le jeu de l'oie. Pour ce dernier, en voici la règle : chaque joueur a un pion qu'il déplace le long du parcours d'autant de cases que le chiffre indiqué sur le dé. Qui arrive au bout gagne la partie... mais il faut faire attention à ne pas tomber sur les cases de pénalité.

Certaines poupées arrivent au château directement de Paris : elles ne sont pas destinées aux petites filles mais aux femmes. Ces poupées leur montrent les dernières nouveautés de la mode en Europe.

Ce curieux instrument est l'ancêtre du projecteur de diapositives. Appelé la lanterne magique, il sert à projeter sur un mur des images dessinées sur une plaque de verre. La lumière à l'intérieur (bougie ou lampe à huile) passe à travers le verre coloré et est agrandie par la lentille située à l'avant de l'appareil.

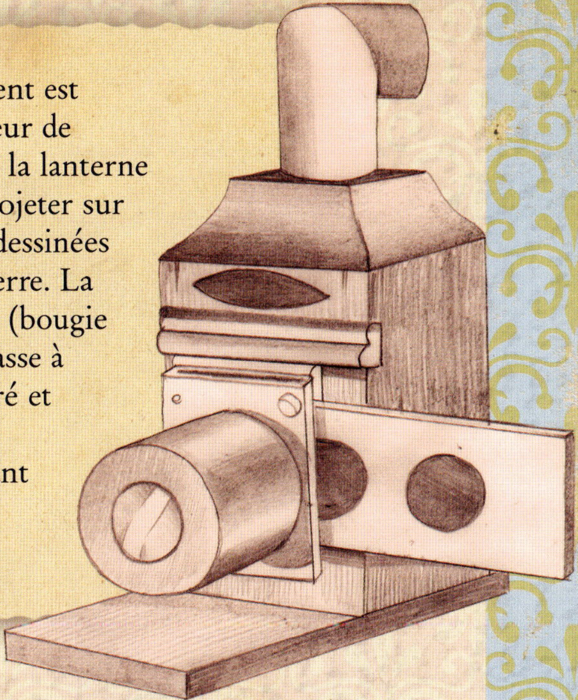

Éloïse montre ses jouets préférés à sa petite sœur, notamment ses différentes poupées. L'une d'elles a une tête en porcelaine avec des yeux qui bougent grâce à un mécanisme. Une autre est un automate : elle est capable de marcher en jouant de la musique !

INVITATION À L'OPÉRA DE VERSAILLES

Le roi et sa cour adorent le théâtre et l'opéra. Déjà à l'époque de Louis XIV, on appréciait beaucoup les pièces de l'auteur dramatique Molière. D'ailleurs, le roi Soleil était son mécène et protecteur : lors d'une des représentations chez Son Éminence le cardinal Mazarin, Louis XIV découvrit les talents de ce fabuleux auteur-comédien ; ce jour vit naître une amitié durable entre les deux hommes.

Ce tableau représente Molière dans le rôle de César.

À Versailles, Louis XV a fait construire un opéra entièrement en bois pour en améliorer l'acoustique. Les colonnes et les sculptures sont décorées de marbre fin et les plafonds sont entièrement peints.

Le théâtre a été inauguré le 16 mai 1770, à l'occasion du mariage du dauphin de France avec l'archiduchesse Marie-Antoinette.

Ce soir, on dansera à l'Opéra royal. Pour l'occasion, Éloïse a mis son beau costume pour aller au bal masqué !

Comme tout théâtre qui se respecte, l'Opéra royal est équipé de mécanismes permettant de changer de décors lors d'une même représentation. De plus, son architecte, Ange-Jacques Gabriel, a mis au point un système pour relever le plancher au niveau de la scène, afin de transformer le théâtre en salle de réception !

JARDINS ET FONTAINES

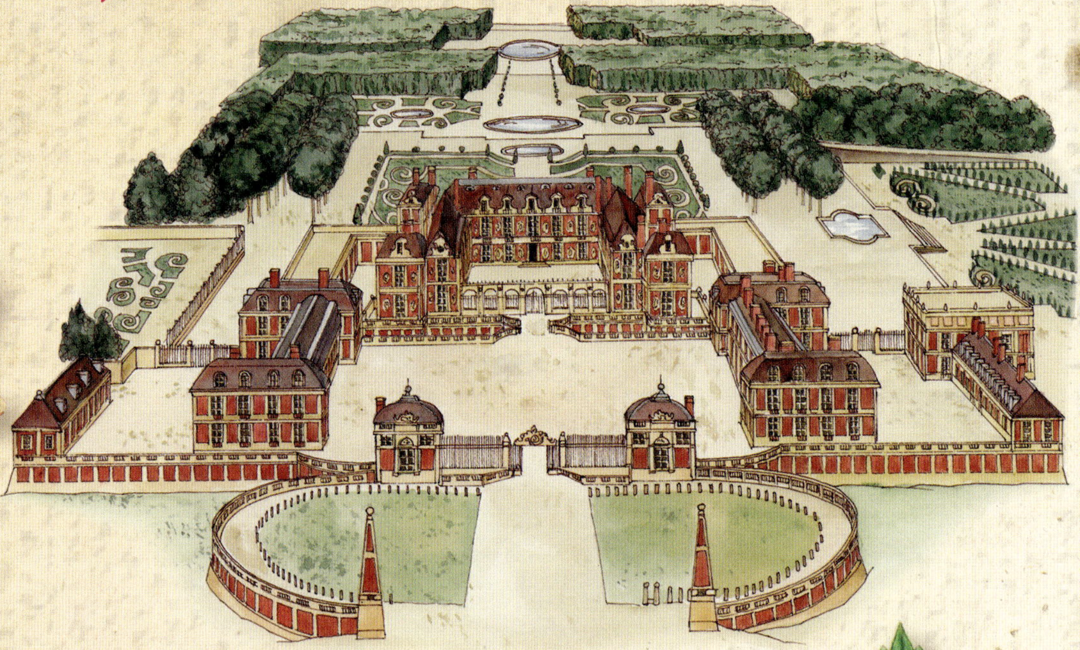

Autour du château, s'étendent d'immenses jardins où l'on trouve près de 2 000 fontaines et bassins. En parcourant l'allée centrale, les pelouses fleuries y sont joliment dessinées, ornées de haies de buis. Mais il suffit de prendre une petite allée pour découvrir d'autres décors merveilleux.

En se promenant dans les jardins, on reste émerveillé par les magnifiques jeux d'eau créés par les fontaines. Les statues de muses, de héros mythologiques et de fantastiques dragons lancent en l'air des jets d'eau aux formes changeantes.

Au XVIIe siècle, Louis XIV et sa cour venaient danser dans des salons de plein air, appelés les bosquets. Le préféré d'Éloïse est celui des bains d'Apollon. Au milieu de la végétation, on aperçoit une grotte qui sert de décor à un groupe de statues. Au centre, se trouve le dieu Apollon servi par des nymphes, entouré des Chevaux du Soleil. Tout autour, de petites cascades d'eau descendent vers un bassin.

LA MUSIQUE

Louis XV aime organiser des concerts à sa cour. On peut y écouter du clavecin, du violon, du chant, de la vielle, de la flûte... L'un des musiciens qui parvient à surprendre Sa Majesté par son talent prodigieux est Wolfgang Amadeus Mozart. En 1763, alors âgé de 7 ans, il exécute des morceaux très complexes, sous l'œil émerveillé de la cour.

Depuis le XVIe siècle, l'instrument à cordes à la mode est le clavecin. Mais, lors du règne de Louis XV, il est remplacé peu à peu par un nouvel instrument : le piano. Avec son nouveau clavier, le musicien peut moduler l'intensité des notes selon la pression qu'il exerce sur les touches.

Louis XV, son épouse Marie Leszczyńska et la cour sont réunis dans la salle de musique pour écouter le jeune prodige.

La cour de Louis XV aime les concerts de chambre, composés de formations musicales réduites. Souvent, le récital est exécuté par un soliste (musicien jouant seul). Mais on peut aussi entendre un quartet d'instruments à cordes formé de deux violons, d'une viole et d'un violoncelle.

GLOSSAIRE

ancêtre (de quelque chose) – une version plus ancienne d'un objet, par exemple le carrosse est l'ancêtre de la voiture.
Apollon – dans la Grèce antique, dieu de la Lumière solaire, de la Musique et de la Poésie, connu pour sa grande beauté.
archiduchesse – une princesse qui faisait partie de la famille royale d'Autriche.
auteur dramatique – un auteur de pièces de théâtre.
baquet – une bassine en bois.
berline – une voiture fermée, tirée par des chevaux, fabriquée à l'origine à Berlin. Elle était plus confortable et plus sûre qu'un carrosse.
cardinal – un dignitaire important dans l'organisation de l'Église catholique.
cavalier – l'homme qui accompagne une femme et qui danse avec elle.
cérémonie – une fête sérieuse et importante à l'occasion d'un événement : mariage, fête nationale, ouverture d'un nouveau musée...
chaise à porteurs – un siège fermé, avec des fenêtres, équipé de quatre longs bras, servant à porter une personne.
Chevaux du Soleil – des chevaux fabuleux qui, d'après les mythes grecs, tiraient le char du dieu du Soleil, Hélios. Deux d'entre eux, nommés Lampos et Actéon, tiraient le char d'Apollon.
clavecin – un instrument de musique à cordes qui ressemble à un piano à queue.
concert de chambre – un concert de musique donné par un nombre réduit de musiciens et de chanteurs. Un concert privé joué, par exemple, dans une salle de château, devant un petit public de personnes très riches.
corset – un vêtement, avec des lacets, que portaient les femmes riches sous leur robe. Il servait à serrer fort la taille, comme une très large ceinture. À l'époque, avoir une taille très fine paraissait plus joli.
courants de pensée – les nouvelles idées, la façon de voir le monde qui caractérise une époque donnée.
courtisan – la personne qui fait partie de la cour royale, c'est-à-dire de toutes les personnes riches qui entourent le roi.
dames de compagnie – les femmes qui entourent une reine ou une princesse. Elles sont souvent nobles elles-mêmes, mais avec un titre moins important. Leur rôle est de servir la reine ou la princesse et de la distraire. Cependant, ce ne sont pas des servantes.
dauphin – un héritier de la couronne de France.
dignitaire – une personne qui a une fonction très importante dans un pays : général, ministre, maréchal, cardinal...
échancré – par exemple, une robe échancrée est très découpée en haut, de façon à laisser voir la peau.
Éminance – titre honorifique des cardinaux.
empereur – un chef d'un grand pays (empire) qui a tous les pouvoirs.
encolure – la partie d'un vêtement qui se trouve autour du cou, où on passe la tête.
événement public – quelque chose d'important qui a lieu devant beaucoup de personnes.
exécuter (des morceaux de musique) – jouer.
formation musicale – un groupe de musiciens.
gentilhomme – une personne noble, par exemple les hommes qui servaient directement le roi, comme le chambellan ou l'écuyer.
grandiose – magnifique, majestueux.
haut rang – les personnes de haut rang sont celles qui ont beaucoup de pouvoir.
héros mythologiques – des personnages fictifs de la mythologie grecque ou romaine. Ce sont des

demi-dieux, comme Hercules, qui ont vécu des aventures extraordinaires.
hôtes – des invités.
inauguré – ouvert pour la première fois de façon solennelle.
jabot – une sorte de foulard ou de cravate très décorée, portée par les hommes riches autour du cou.
lever de la reine – le moment où la reine se lève le matin, puis se fait habiller par ses dames de compagnie.
mécène – une personne riche qui aide un artiste en lui offrant de l'argent et en lui commandant ses œuvres.
ministre – une personne qui fait partie du gouvernement, par exemple : ministre de l'écologie, ministre de l'industrie, ministre de la culture...
moduler – varier la tonalité.
monarque – la personne qui dirige seule un pays, par exemple le roi.
mousseline – un tissu de coton très fin, souvent blanc.
nymphes – des divinités de la mythologie grecque liées à la nature, comme les nymphes des bois, des montagnes ou de l'eau douce.
paniers (mode) – un sous-vêtement porté sous la jupe, large sur les côtés, qui donnait à la jupe une forme très ample.
pénalité (jeux) – dans un jeu de société, la règle qui nous retarde et nous empêche de gagner, en donnant ainsi l'avantage aux autres joueurs.
poudre de riz – une poudre très claire que l'on met sur la peau du visage afin de cacher ce qui n'est pas joli : boutons, rougeurs...
prodige – un enfant qui a un talent exceptionnel, par exemple en musique.
prodigieux – formidable, extraordinaire, hors du commun.
projecteur de diapositives – un appareil permettant de regarder des diapositives sur un écran ou un mur blanc. Une diapositive est un petit morceau de pellicule avec une image dessus. La pellicule (film) était utilisée dans les appareils photo, avant l'invention de l'appareil photo numérique.
quartet – un groupe de quatre musiciens.
récital – un spectacle de musique donné par un seul musicien ou chanteur.
roi Soleil – le surnom de Louis XIV, un grand roi très puissant.
satin – tous les tissus très fins qui sont lisses et brillants d'un côté et mâts de l'autre.
siècle des lumières – on appelle ainsi le XVIIIe siècle car c'était l'époque où les philosophes, les écrivains et les scientifiques étaient encouragés à réfléchir et à travailler pour le progrès de la société.
souveraine – la femme du souverain.
symbole – des signes qui représentent (symbolisent) quelque chose d'autre, par exemple un beau carrosse est un symbole de richesse.
taffetas – un tissu en soie, très délicat, brillant et doux au toucher.
tsar – autrefois, le souverain de la Russie.
velours – un tissu épais qui a des poils courts et doux d'un côté et qui est lisse de l'autre côté.
vielle – un instrument de musique à cordes et à archet, une sorte de violon.
viole – un instrument de musique à cordes et avec un archet qui ressemble au violoncelle.
violoncelle – un instrument de musique à cordes et avec un archet, une sorte de grand violon, que l'on tient entre les jambes.

INDEX

acoustique, 14
allée, 10, 16
Apollon, 17
archiduchesse, 14
architecte, 15
argent (métal), 6
auteur-comédien, 14
auteur dramatique, 14
automate, 13
baignoires, 4
bains, 4
bains d'Apollon, 17
bal, 6, 7, 15
baquet, 4
bas, 8
bassin, 16, 17
berlines, 10, 11
bois, 9, 14
bosquets, 17
boucle, 9
Bourbon (famille), 3
cache-cache, 12
carrosses, 10, 11
cartes, 12
cascades d'eau, 17
cavalier, 7
cérémonie, 11
chaise à porteurs, 10, 11
chant, 18
château, 2, 4, 6, 8, 11, 13, 16
chaussures, 9
chemise, 8
chevaux, 11
Chevaux du Soleil, 17
clavecin, 18
clavier, 18
colonnes, 14
concerts, 18, 19
corset, 7, 8
cour, 2, 8, 10, 11, 12, 14, 17, 18, 19
courants de pensée, 3
courtisans, 5
dame, 8, 9, 11
dames de compagnie, 5
dauphin de France, 14
décors, 15, 16, 17
dentelle, 7
dignitaires, 6
dragons, 16
écuries, 11
Éminence, 14
empereur d'Autriche, 3
encolure, 8
Europe, 3, 13
événement public, 5
flûte, 18
fontaines, 16
formations musicales, 19
Gabriel, Ange-Jacques (architecte), 15
galerie des Glaces, 6
gentilhomme, 8, 11
gilet, 8
grotte, 17
habit, 8
Habsbourg (famille), 3
Hanovre (famille), 3
haut rang, 5
héros mythologiques, 16
hôtes, 5
instrument à cordes, 18, 19
jabot, 7
jardin, 2, 6, 16
jets d'eau, 16
jeu de l'oie, 12
jeux d'eau, 16
jeux de société, 12
jonc, 9
jouets, 13
lacet, 7
lanterne magique, 13
lentille, 13
Leszczyńska, Marie (reine), 19
lever de la reine, 4, 5
liberté, 3
Louis XIV, 6, 14, 17
Louis XV, 2, 14, 18, 19
Majesté, 12, 18
marbre, 14
Marie-Antoinette (reine), 14
Mazarin (cardinal), 14
mécanisme, 13, 15
mécène, 14
meubles, 6
ministres, 5
mode, 8, 10, 12, 13, 18
Molière, 14
mousseline, 7
Mozart, Wolfgang Amadeus, 18
muses, 16
musicien, 18, 19
musique, 13, 18, 19
nymphes, 17
odeurs, 8
opéra, 14, 15
paniers, 8, 9
pantalon, 8
parfum, 8
Paris, 13
peau, 7, 8, 10
perruque, 7, 8
piano, 18
plafonds, 14
porcelaine, 13
poudre, 7, 8
poupées, 12, 13
progrès scientifiques, 3
quartet, 19
récital, 19
robe, 7, 8, 9
roi d'Angleterre, 3
roi d'Espagne, 3
roi de France, 2, 3
roi Soleil, 14
roi, 2, 3, 5, 6, 12, 14
Romanov (famille), 3
salle de musique, 19
salle de réception, 15
salons, 17
satin, 8
sauter à la corde, 12
sculptures, 11, 14
siècle des lumières, 3
soie, 7, 8, 9
soliste, 19
souveraine, 5
statues, 16, 17
taffetas, 8
théâtre, 14, 15
trône, 6
tsar de Russie, 3
velours, 8
Versailles, 2, 8, 14
veste, 7, 8
vielle, 18
viole, 19
violon, 18, 19
violoncelle, 19